A Crabtree Roots Book
Yon Liv Crabtree Rasin

Farm Animal Friends

Zannimo Pak Yo

SHEEP
MOUTON

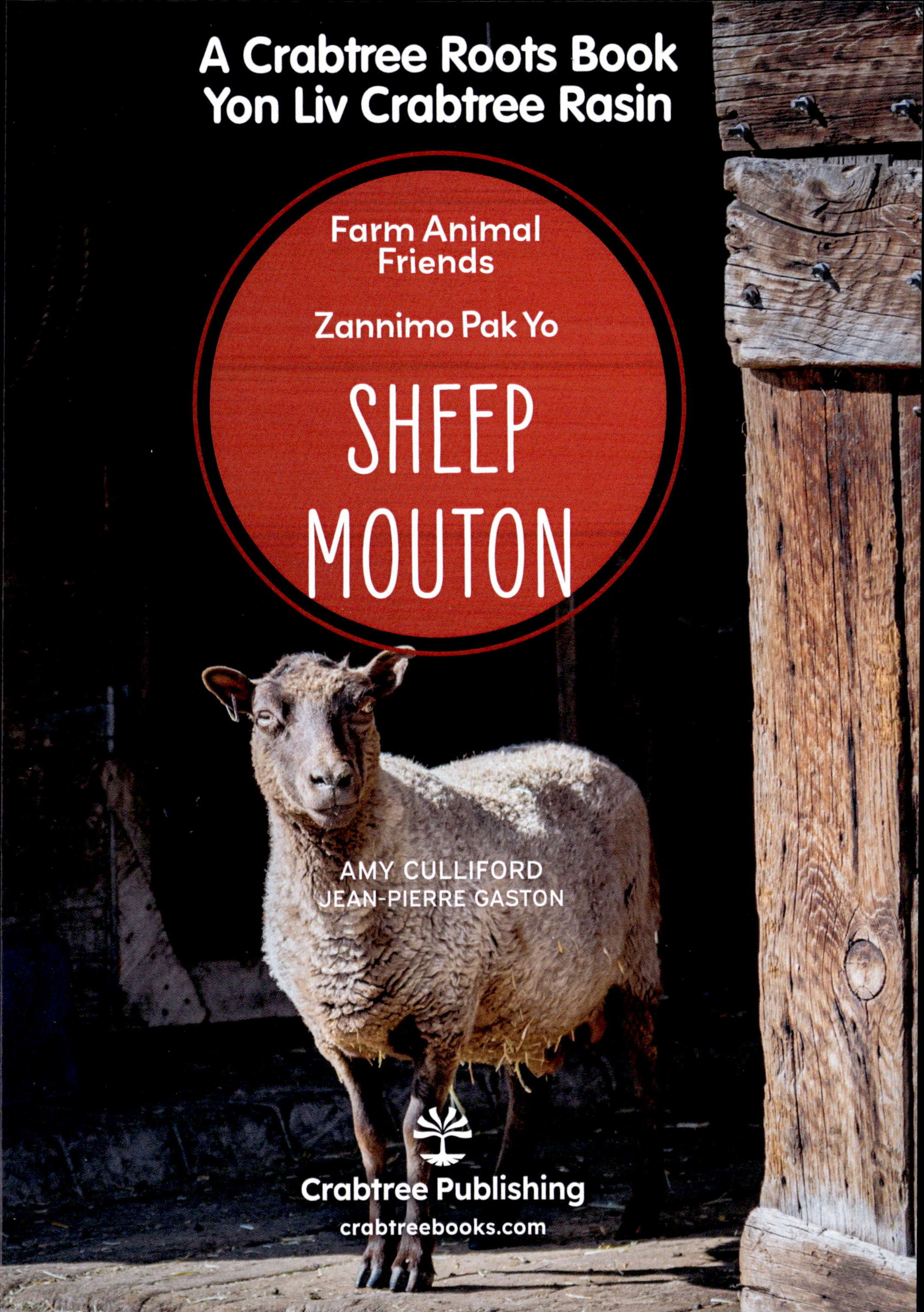

AMY CULLIFORD
JEAN-PIERRE GASTON

Crabtree Publishing
crabtreebooks.com

School-to-Home Support for Caregivers and Teachers

This book helps children grow by letting them practice reading. Here are a few guiding questions to help the reader with building his or her comprehension skills. Possible answers appear here in red.

Before Reading:

- What do I think this book is about?
    - *This book is about sheep.*
    - *This book is about sheep on farms.*

- What do I want to learn about this topic?
    - *I want to learn what sound a sheep makes.*
    - *I want to learn what colors sheep can be.*

During Reading:

- I wonder why...
    - *I wonder why some sheep are different colors.*
    - *I wonder why some sheep have horns.*

- What have I learned so far?
    - *I have learned that sheep live on farms.*
    - *I have learned that sheep can be big or little.*

After Reading:

- What details did I learn about this topic?
    - *I have learned that some sheep have horns.*
    - *I have learned that sheep can be different colors.*

- Read the book again and look for the vocabulary words.
    - *I see the word **farm** on page 5 and the word **horns** on page 12. The other vocabulary words are found on page 14.*

Sipò Lekòl A Kay Pou Moun Kap Bay Swen Ak Pwofesè Yo

Liv sa a ede timoun yo grandi lespri yo nan kite yo pratike lekti. Men kèk kesyon kap ede lektè a bati konpreyansyon konpetans yo. Epons posib yo parèt an wouj.

Anvan Lekti:

- De kisa mwen panse liv sa ap pale?
    - *Liv sa a se sou mouton.*
    - *Liv sa a se sou mouton ki viv nan pak yo.*

- Kisa mwen vle aprann sou sijè sa?
    - *Mwen vle aprann ki son yon mouton fè.*
    - *Mwen vle aprann ki koulè mouton ka ye.*

Pandan Lekti:

- Mwen mande poukisa...
    - *Mwen mande poukisa gen mouton ki gen koulè diferan.*
    - *Mwen mande poukisa gen mouton ki gen kòn.*

- Kisa mwen te aprann jiskaprezan?
    - *Mwen te aprann ke mouton ap viv nan pak yo.*
    - *Mwen te aprann ke mouton ka vin gwo oswa rete piti.*

Aprè Lekti:

- Ki detay mwen te aprann sou sijò sa?
    - *Mwen te aprann ke gen mouton ki gen kòn.*
    - *Mwen te aprann ke mouton ka genyen koulè diferan.*

- Li liv la ankò epi chèche mo vokabilè yo.
    - *Mwen wè mo **pak** nan paj 5 ak mo **kòn** nan paj 12. Lòt mo vokabilè yo wap jwenn nan paj 14.*

This is a **sheep**.

Sa se yon **mouton**.

These sheep are on a **farm**.

Mouton sa yo nan yon **pak**.

Some sheep are big.

Gen mouton ki gwo.

Some sheep are little.

Gen mouton ki piti.

Sheep can be white, brown, or black.

Mouton yo ka blan, mawon, oswa nwa.

Some sheep
have **horns**.

Gen mouton
ki genyen **kòn**.

All sheep say, *baa!*

Tout mouton yo di, *baa!*

Word List

Sight Words

a	can	these
all	is	this
are	little	white
be	on	
big	or	
black	say	
brown	some	

Lis Pawòl

Mo timoun rekonèt lè yo fèk kòmanse li

blan	nwa	se
di	oswa	tout
gwo	piti	yo
mawon	sa	yon

Words to Know

farm

horns

sheep

Mo pouw Konnen

kòn

mouton

pak

33 Words

This is a **sheep**.
These sheep are on a **farm**.
Some sheep are big.
Some sheep are little.
Sheep can be white, brown, or black.
Some sheep have **horns**.
All sheep say, baa!

35 mo

Sa se yon **mouton**.
Mouton sa yo nan yon **pak**.
Gen mouton ki gwo.
Gen mouton ki piti.
Mouton yo ka blan, mawon, oswa nwa.
Gen mouton ki genyen **kòn**.
Tout mouton yo di, baa!

Farm Animal Friends

Zannimo Pak Yo

SHEEP
MOUTON

Written by/Ekri pa: Amy Culliford
Designed by/Ki fèt pa: Rhea Wallace
Series development/Devlopman seri a pa: James Earley
Proofreader/Korektè: Kathy Middleton
Educational consultant/Konsiltan edikasyon: Christina Lemke M.Ed.
Translated by/Tradui pa: Jean-Pierre Gaston
Production manager/Manadjè pwodiksyon: Candice Campbell

Photographs/foto:
Shutterstock: NPDstock: cover (tl); Menna: cover (tr); Laurinson Crusoe: cover (b); Amy K. Mitchell p. 1; Pete Pahham: p. 3, 14; Zane Vergara: p. 4, 14; Natelle: p. 7; Alexey Stiop: p. 9; FooTToo: p. 10-11; wk1003mike: p. 12; fotorauschen: p. 13

Crabtree Publishing

crabtreebooks.com 800-387-7650

Published in Canada
Pibliye nan Kanada
Crabtree Publishing
616 Welland Ave.
St. Catharines, Ontario
L2M 5V6

Published in the United States
Pibliye Ozetazini
Crabtree Publishing
347 Fifth Avenue,
Suite 1402-145
New York, NY, 10016

Paperback 978-1-0398-5071-2
Ebook (pdf) 978-1-0398-5113-9
Epub 978-1-0398-5155-9

Printed in the U.S.A./CP072026

Library and Archives Canada Cataloguing in Publication
Available at the Library and Archives Canada

Library of Congress Cataloging-in-Publication Data
Available at the Library of Congress